COLLECTION

DE

FEU M. LÉON ROUX

DESSINS

AQUARELLES GOUACHES

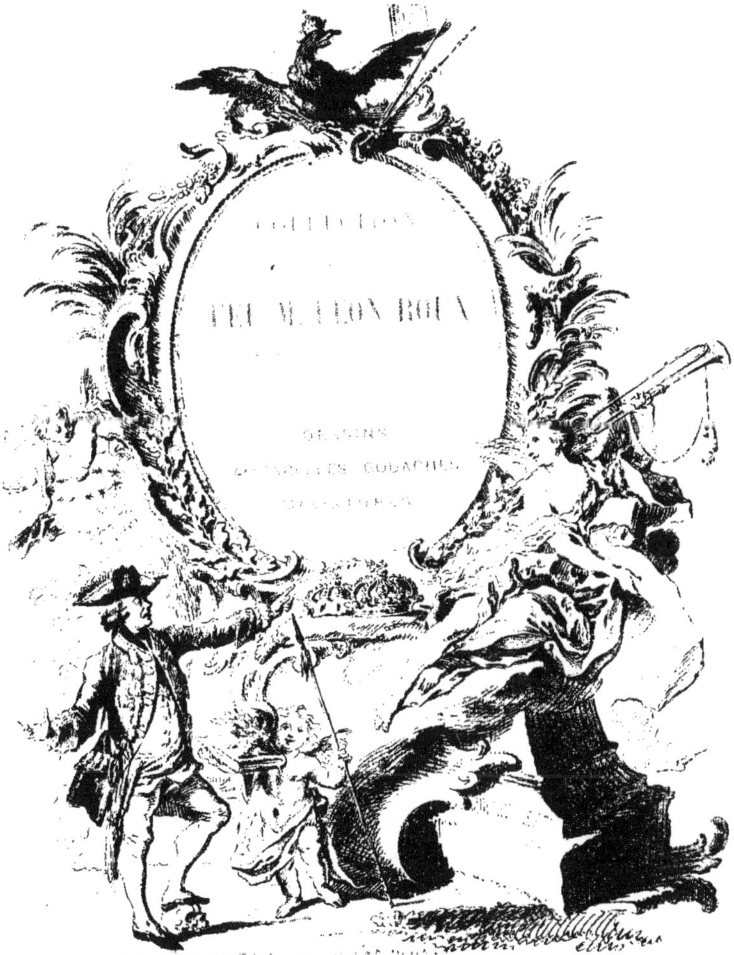

Phototypie Berthaud, Paris.

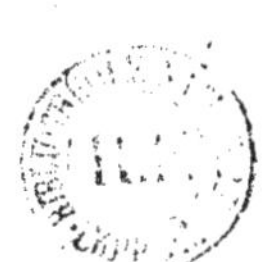

CATALOGUE

DE

Dessins Anciens

AQUARELLES ET GOUACHES

MINIATURES

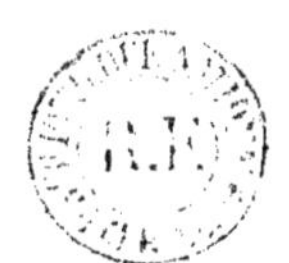

CONDITIONS DE LA VENTE

Elle sera faite au comptant.

Les acquéreurs payeront *dix pour cent* en sus du prix d'adjudication.

L'Expert se réserve la faculté de rassembler ou de diviser les numéros du catalogue.

L'exposition mettant le public à même de se rendre compte de l'état des objets, aucune réclamation ne sera admise une fois l'adjudication prononcée.

ORDRE DES VACATIONS

Lundi 20 Avril. — Dessins nos 1 à 106.

Mardi 21 — . — Dessins nos 107 à 201.

Mercredi 22 — . — Miniatures et Émaux nos 202 à la fin.

Au commencement et à la fin de chaque vacation, l'on vendra les dessins en lots ainsi que ceux désignés au catalogue sous les nos 200 et 201.

L'ordre numérique ne sera pas observé pour la vente des miniatures et émaux.

CATALOGUE

DE

Dessins Anciens

AQUARELLES ET GOUACHES

PRINCIPALEMENT

De l'École Française du XVIIIe siècle

BEAUX-ARTS — DÉCORATIONS — AMEUBLEMENTS

VUES DE PARIS

ŒUVRES DE :

AUDRAN, BIBIENA, VAN BLARENBERGHE, BOQUET, BOSIO
CARESME, CAUVET, LE CLERC, DEBUCOURT
DELAFOSSE, DESFRICHES, DESRAIS, FRAGONARD, GARBIZZA, GRAVELOT
HOIN, HUET, MALLET, MEUNIER
LEJEUNE, LOUIS MOREAU, MOUCHERON, NILSON, NICOLLE
PERCIER, QUEVERDO, RANSON
HUBERT-ROBERT, VAN SCHOUTEN, SWÉBACH, TAUNAY, VINCENT, ETC.

DESSINS MODERNES

MINIATURES

L'Accord parfait, par N. LAVREINCE

Le tout dépendant de la succession de M. Léon ROUX

ARCHITECTE DE LA VILLE DE PARIS

ET DONT LA VENTE AURA LIEU A PARIS

HOTEL DROUOT, SALLE N° 2

Les Lundi 20, Mardi 21 et Mercredi 22 Avril 1903

A 2 HEURES PRÉCISES

A la requête de M. DUEZ, administrateur judiciaire

Par le ministère de :

Mᵉ Maurice DELESTRE	Mᵉ Paul CHEVALLIER
COMMISSAIRE-PRISEUR	COMMISSAIRE-PRISEUR
5, rue St-Georges	10, rue de la Grange-Batelière

Assistés de M. Léonce COBLENTZ, Expert aux ANDELYS (Eure)
et 97, rue de Rennes, à Paris

EXPOSITION PUBLIQUE

Le Dimanche 19 Avril, de 1 heure 1/2 à 5 heures 1/2

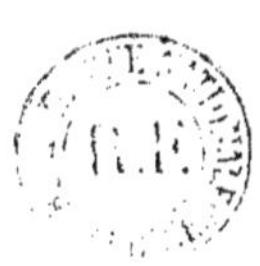

DÉSIGNATION

ANDRIEUX (A.)

1. — *La Garde nationale.*

Spirituelle aquarelle signée.

AUDRAN (CLAUDE)

2. — *Projet de tapisserie.*

Arabesque ayant pour motifs principaux des personnages allégoriques, animaux et emblèmes aquatiques.

Joli dessin au trait de plume et lavis d'encre de Chine.

BEAUMONT (DE)

3. — *Toujours du pique ! Jamais du trèfle. Ça devient inquiétant.*

Crayon et aquarelle.

BELLANGÉ (HIPPOLYTE)

4. — *Études et têtes d'expression.*

Crayon noir.

BÉNARD

5. — *Salle des spectacles de Marseille.*

Aquarelle de forme ronde, signée et datée 1786.

BÉRAIN (Jean)

6. — *Costume de ballet.*

Personnage couronné.

Trait de plume et aquarelle. Cadre ancien en bois doré.

BÉRICOURT (Attribué à)

7. — *Ascensions d'aérostats.*

Vue du port de Bercy regardant le quai de l'entrepôt ainsi que le Panthéon. — Vue de l'École Militaire, côté du Champ-de-Mars. — Pont de Sèvres.

Aquarelles.

BIBIENA (J. Galli, dit)

8. — *Palais avec loggia.*

Plume et lavis d'encre de Chine.

9. — *Perspective d'un salon* avec entablements soutenus par des colonnes.

Plume et lavis.

BLARENBERGHE (VAN)

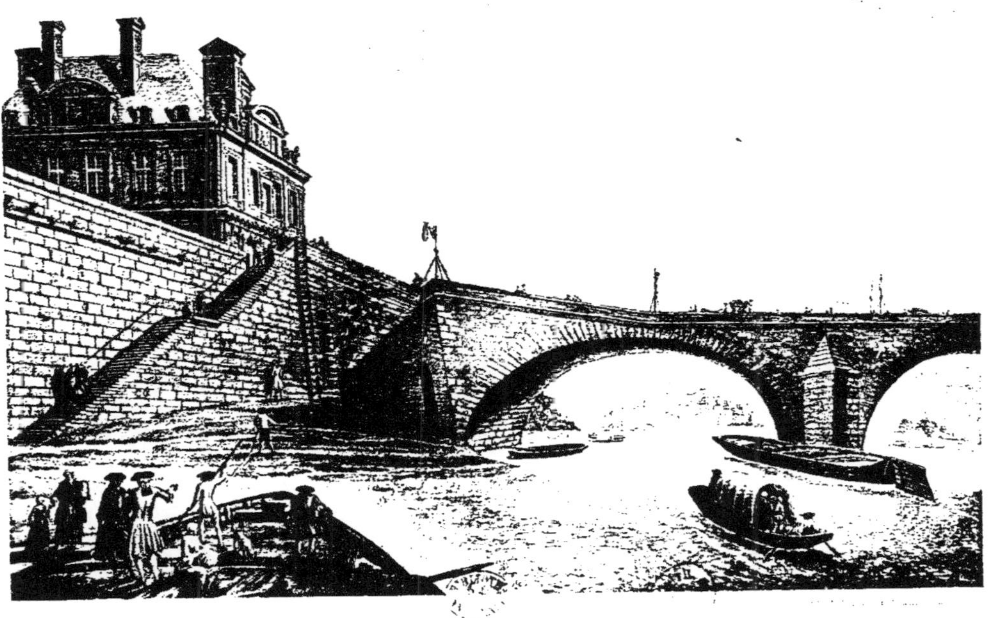

11

BINET (L.)

10. — *Dessin pour vignette.*

Lavis d'encre de Chine sur trait de plume.

VAN BLARENBERGHE

11. — *Vue du Pont-Royal et des Tuileries.*

Au premier plan, sur la berge, des personnages embarquent, d'autres devisent sur un bateau plat; plus loin, ayant à bord des gentilshommes groupés sous une tente, une barque descend la Seine. A travers l'arche du pont, on aperçoit les quais, le Pont-Neuf et Notre-Dame.

Très belle gouache, d'une charmante tonalité et dans un bel état de conservation.
Haut. 0,29; Larg. 0,42. Cadre ancien en bois doré.

BLOMART (J.-P.)

DEUX PENDANTS

12. — *Femme, vue en buste,* la tête appuyée sur un oreiller. — *Femme coiffée d'un bonnet.*

Crayons de couleur. Signé.

BOQUET

13. — *Douze dessins de costumes pour un ballet,* parmi lesquels celui de Mlle Guimard, amazone, dans *Tancrède.*

Lavis et aquarelle sur trait.

BOSIO

14. — *Salon sous le Directoire.*

Des dames en toilette galante reçoivent les hommages de nombreux visiteurs.

Important et curieux dessin à l'encre de Chine.

CANALETTO (A.) (Attribué à)

(DEUX PENDANTS)

15. — *Vue de Saint-Georges-des-Grecs à Venise. — Vue d'une église au bord d'un canal.*

Plume et lavis d'encre de Chine. Cadres anciens bois doré.

CARESME (PH.)

16. — *Scène de cabaret.*

Auprès d'une palissade, une table est dressée à l'ombre de grands arbres, des buveurs lutinent des jeunes filles.

Aquarelle. Cadre ancien en bois doré.

LE CARPENTIER

17. — *Portrait de dame,* en profil.

Vue en buste, elle est dans un médaillon orné de guirlandes de fleurs et soutenu par un Amour.

Signé et daté 1772. Dessiné au crayon noir, la figure légèrement rehaussée de couleur.

CAUVET (J.-P.)

18. — *Trois panneaux de décoration en hauteur,* arabesques (sur la même feuille).

Trait de plume et sépia.

19. — *Dessus de porte.*

Au centre, un caducée et deux cornes d'abondance, accompagnés de branches de laurier et de guirlandes de fleurs.

Sépia. Sur la même feuille se trouvent deux dessins de trophées, par Ranson.

CHARPENTIER

20. — *Jeune femme, assise sur son lit, mettant ses bas* et regardant des pigeons qui se becquètent.

Sépia. Cadre ancien en bois doré.

LE CLERC

21. — *Couple d'amoureux.*

Causant auprès d'un petit édifice en treillage.

Gouache. Très beau cadre ancien en bois sculpté et doré.

LE CLERC (Sébastien)

22. — *Galerie des glaces,* à Versailles.

Dessin au trait de bistre (a été gravé).

23. — *Sacre de Louis XIV.*

A la plume.

CLÉRISSEAU (J.-L.)

24. — *Architecture.*

Auprès d'un portail antique aux riches sculptures, stationne un groupe de personnages dont se détache une femme montée sur un âne.

Gouache. Cadre ancien en bois doré.

COYPEL (Antoine)

25. — *Départ de l'enfant prodigue.*

Gouache sur velin. Cadre ancien bois doré.

COYPEL (Genre de)

26. — *La peinture.*

Gouache. Cadre ancien bois doré.

DEBUCOURT (Attribué à)

27. — *La coquette et ses filles.*

Importante composition à l'aquarelle. A été gravée sans nom d'auteur.

Haut. : 0,29; Larg. : 0,43. Cadre ancien en bois doré.

DELAFOSSE (J.-C.)

28. — *Porte monumentale*, ornée de groupes équestres, médaillons en bas-relief et surmontée des armes de France, accolées de Génies ailés.

Trait rehaussé de lavis.

DEBUCOURT

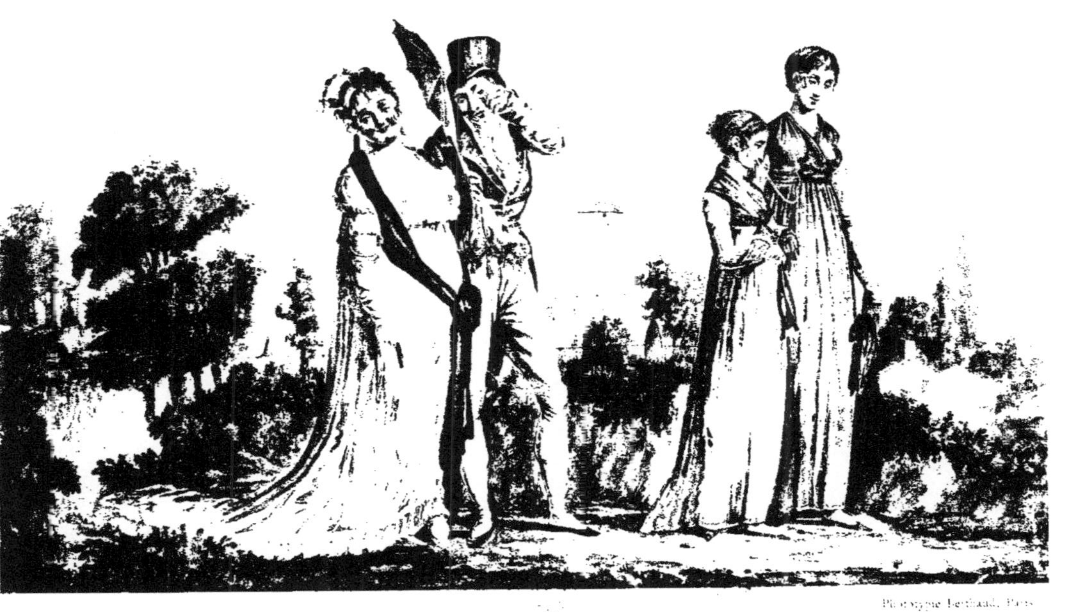

Phototypie Berthaud, Paris

27

29. — *Rotonde de Palais,* ornée de statues d'animaux chimériques.

Trait rehaussé de lavis.

DESFRICHES

(DEUX PENDANTS)

30. — *Ferme au bord d'une mare* aux environs d'Orléans. — *Pont sur un cours d'eau* avec barque et personnages.

Au crayon sur vélin. Signé et daté 1778. Cadres anciens en bois doré.

DESHAYES (J.-B.)

31. — *La toilette de Vénus.*

Dessin au trait. Cadre ancien en bois doré.

DESRAIS (C.-L.)

32. — *Acrobates, sauteurs de corde,* trois feuilles.

Trait de plume et sépia.

33. — *Soldats en bombance* (Deux pendants).

Sépia. Cadre ancien en bois doré.

DETAILLE (Ed.)

34. — *Garde national mobile* appuyé sur son fusil.

Trait de plume. Signé et daté 1880.

DIGNAT (ÉLIE)

35. — *Baptême du duc de Bordeaux dans Notre-Dame de Paris en 1820.*

Remarquable gouache d'une exécution très fine, où se distinguent nettement, malgré leurs dimensions restreintes, les physionomies du roi Louis XVIII, du comte d'Artois, ainsi que celles de tous les personnages de la cour.

Signée et datée 1821.

DUBOIS PÈRE

36. — *Chaires à prêcher et autels,* 6 feuilles.

Trait et lavis d'encre de Chine.

FRAGONARD (HONORÉ)

37. — *Vue de parc en Italie.*

A droite, au premier plan, un bouquet de peupliers. Au fond, une terrasse à laquelle on accède par un large escalier.

Beau et vigoureux dessin au crayon noir lavé d'encre de Chine.

Haut. : 0,26. — Larg. : 0,42.

Ancienne collection Walferdin.

38. — *Vue de Parc, avec terrasses, statues, animé de personnages.*

Dessin au crayon légèrement teinté d'aquarelle

Haut. : 0,27. — Larg. : 0,39.

Cadre ancien bois doré.

FRAGONARD (H)

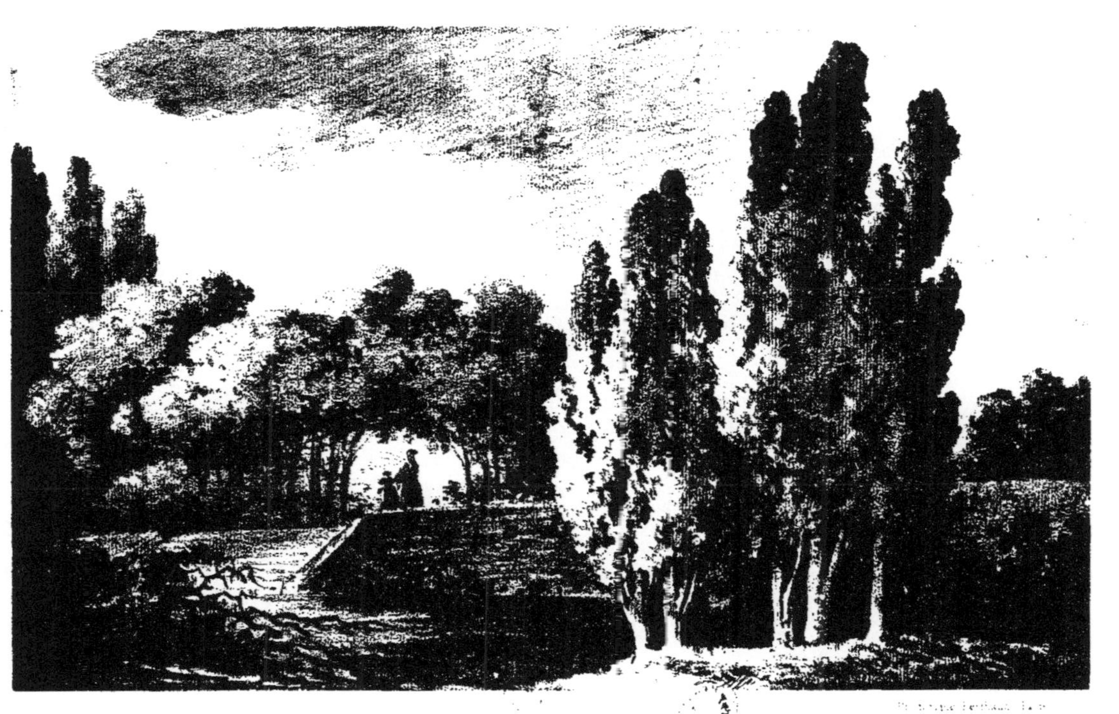

37

FRAGONARD (H.)

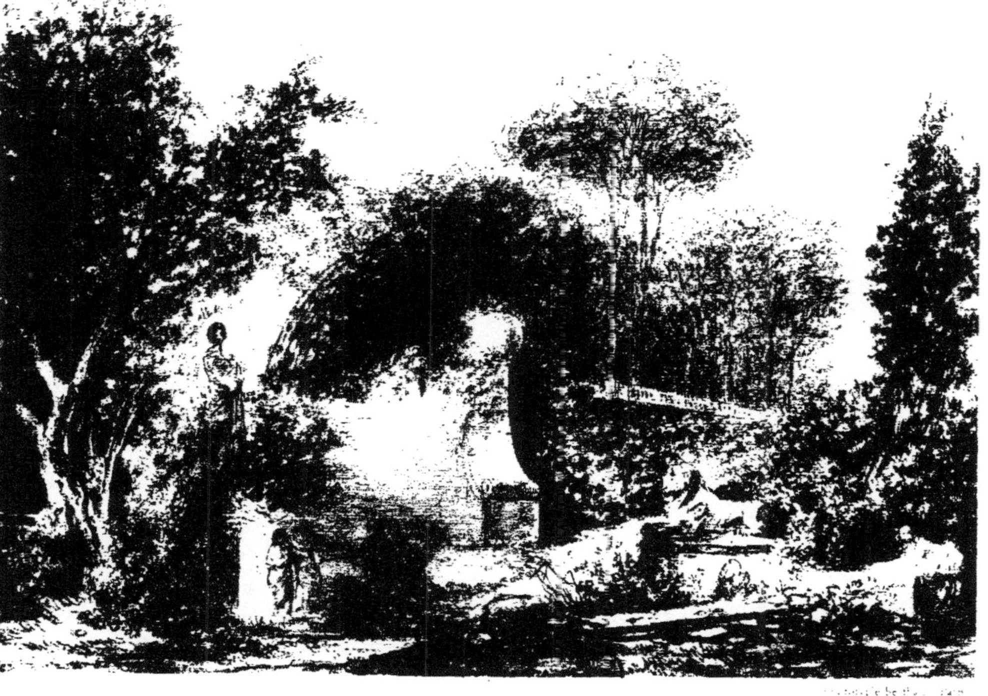

38

39. — *Jupiter et Sémélé.*

Gouache en grisaille. (Ancienne collection Walferdin.)

40. — *Parc d'Italie.*

Au centre, un large escalier bordé de hauts peupliers, terrasses et statues.

Crayon noir.

41. — *Cour de ferme avec mare* auprès du mur du parc, auquel on accède par un escalier orné d'une statue.

Crayon noir.

42. — *La rentrée des troupeaux.*

(Ancienne collection Walferdin).
Spirituelle composition au trait de crayon.

43. — *Laveuses au bord d'un cours d'eau.*

Trait de crayon. (Ancienne collection Walferdin.)

44. — *Vue de parc, en Italie,* orné de nombreuses statues.

Crayon noir. (Ancienne collection Walferdin.)

45. — *Chasse au Cerf.*

Sépia. (Ancienne collection Walferdin.)

46. — *Étude d'arbres,* avec deux personnages.

Crayon noir. Signé et daté 1779. (Ancienne collection Walferdin.)

47. — *Études d'arbres et de roches.*

Crayon noir. (Ancienne collection Walferdin.)

FRAGONARD Attribué à

48. — *Le Sacrifice d'Iphigénie.*

Fragment de plafond.

Gouache. Ancienne collection Destailleur. Cadre ancien en bois doré.

FRAINE DE

49. — *Jeune femme jouant de la guitare.*

Crayon. Signé et daté 17[illegible]

GADBOIS

50. — *La Promenade sur le lac.*

L'embarcation, chargée d'invités, accoste au perron d'un monument antique se détachant sur un fond de grands arbres. Çà et là, naviguent de petites barques de pêche.

Importante gouache. Signée et datée 18[illegible].
Cadre ancien en bois doré.

GARBIZZA

51. — *Vue de la Galerie du Palais-Royal*, prise du côté de la rue des Bons-Enfants.

Signée. Curieuse et intéressante aquarelle, a été gravée en couleur par [illegible].
Haut. : [illegible]. — Larg. : 0.47.
Cadre ancien en bois doré.

GARBIZZA

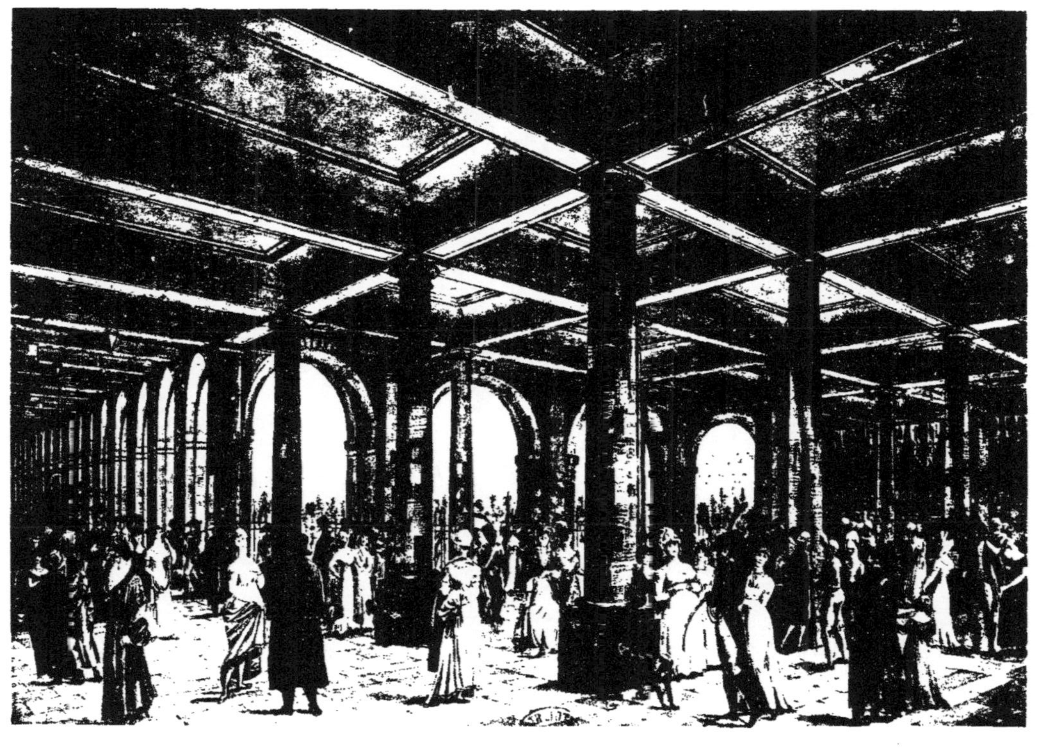

GÉRICAULT

52. — *Diverses études de chevaux et cavaliers,* sur une même feuille.

Au trait de plume. Provenant de la vente de l'artiste.

GILLOT (Claude)

53. — *Personnage de comédie,* soulevant un rideau.

Signé. Sanguine. Cadre ancien, bois sculpté.

54. — *L'Amateur de peinture.*

Dessin satirique. Au trait relevé de sanguine.

GRAVELOT (Hubert)

55. — *Coin de parc* où se promènent des groupes de gentilshommes et de dames en grand costume.

Très intéressante aquarelle.

56. — *Dessin pour vignette.*

Au trait lavé d'encre de Chine, a été gravé. Cadre ancien en bois doré.

GUERNIER (Louis du)

57. — *Portrait de François Tristan Lhermite, gentilhomme de la Marche.*

En médaillon, sur vélin, au crayon noir teinté d'aquarelle. Signé et daté 1648. Cadre ancien en bois doré.

HABERMANN

58. — *Chaise à porteurs.*

De style rocaille, richement sculptée et surmontée d'un écusson royal soutenu par des Amours.

Lavis d'encre de Chine.

HARPIGNIES (HENRI)

59. — *Enfants jouant près d'un ruisseau dans la campagne.*

Aquarelle. Signée et datée 1866.

60. — *Vue d'Italie.*

Aquarelle.

HÉLANE (R.)

(DEUX PENDANTS)

61. — *Vue de la place et de l'église Saint-Jacques à Stockholm.*

Vue de la place du Nord, où l'on voit le Château Royal, le Théâtre et la statue de Gustave-Adolphe.

Aquarelle.

HERVIER

62. — *Scène d'atelier de peintre.*

Crayon signé et daté 1856.

HOIN (Claude)

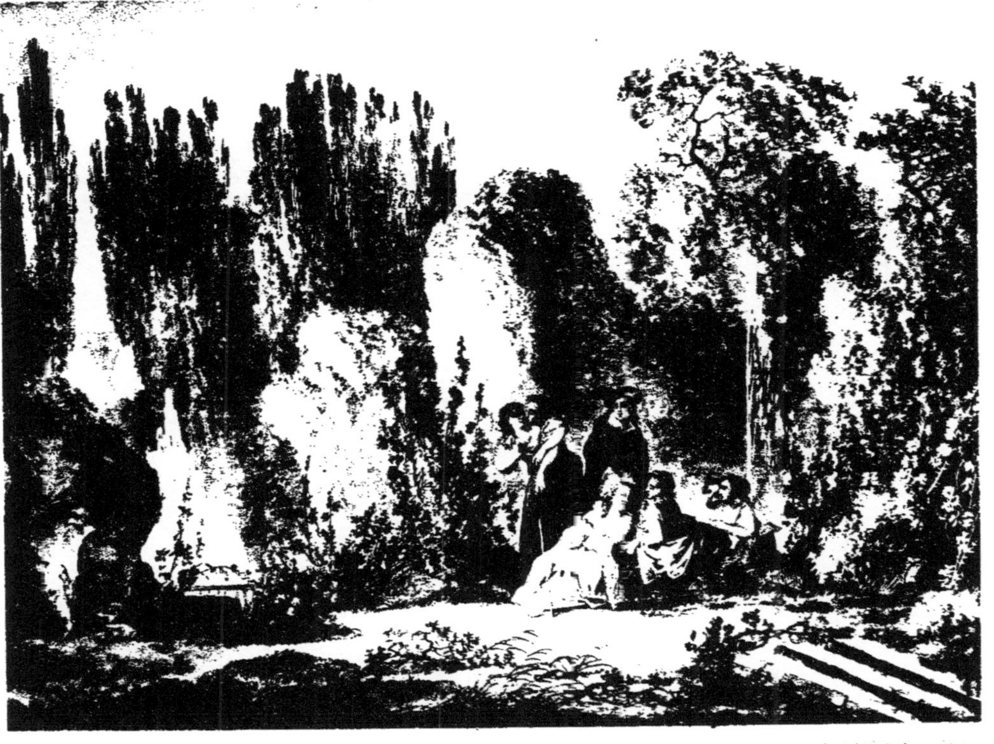

64

HEYDEN (VAN DER)

63. — *Vue prise dans la ville d'Utrecht.*

Dessin très fin à l'encre de Chine avec de nombreux personnages.

HOIN (CLAUDE)

64. — *Assemblée dans un parc.*

Très belle aquarelle avec rehauts de gouache.
Haut. : 0,28; larg. : 0,38.

HUET (J.-B.)

65. — *Le rêve accompli.*

Dans un grenier, un jeune garçon, guidé par l'Amour, est conduit vers une jeune fille endormie sur une botte de foin.

Jolie esquisse au trait de bistre et lavée d'encre de Chine.
Signée et datée 1780.

ISABEY (J.-B.)

66. — *Grotesques.*

Groupe de deux personnages sur un lit de repos, l'un dormant, l'autre bâillant.

Aquarelle sur trait de crayon. Cadre ancien en bois doré.

ISABEY (Attribué à J.-B.)

67. — *L'enlèvement.*

Des cavaliers procèdent à l'enlèvement d'une jeune fille qui s'échappe d'une maison.

Fine aquarelle.

JOHANNOT (Tony)

68. — *Deux dessins pour vignettes.*

Plume.

68bis. — *Deux dessins pour vignettes.*

Crayon.

KUNIG (Jans)

69. — *Composition allégorique.*

Au-dessus d'un cartouche, s'élève un motif architectural au centre duquel Pallas, la déesse de la Guerre, ayant à ses côtés la Fortune et la Prudence, écrase du pied l'ennemi vaincu. Des guerriers enchaînés sont accroupis au bas du dessin.

Signé. Beau dessin au trait relevé d'aquarelle.

LAGRENÉE LE PÈRE

70. — *Allégorie.*

Beau et vigoureux dessin à la sépia.

LAMI (Eugène)

71. — *Présentation des dames au Palais des Tuileries.*

Curieux dessin où l'on remarque le roi Louis-Philippe, la reine Marie-Amélie, ainsi que les princes et princesses.

Trait de crayon noir.

MALLET

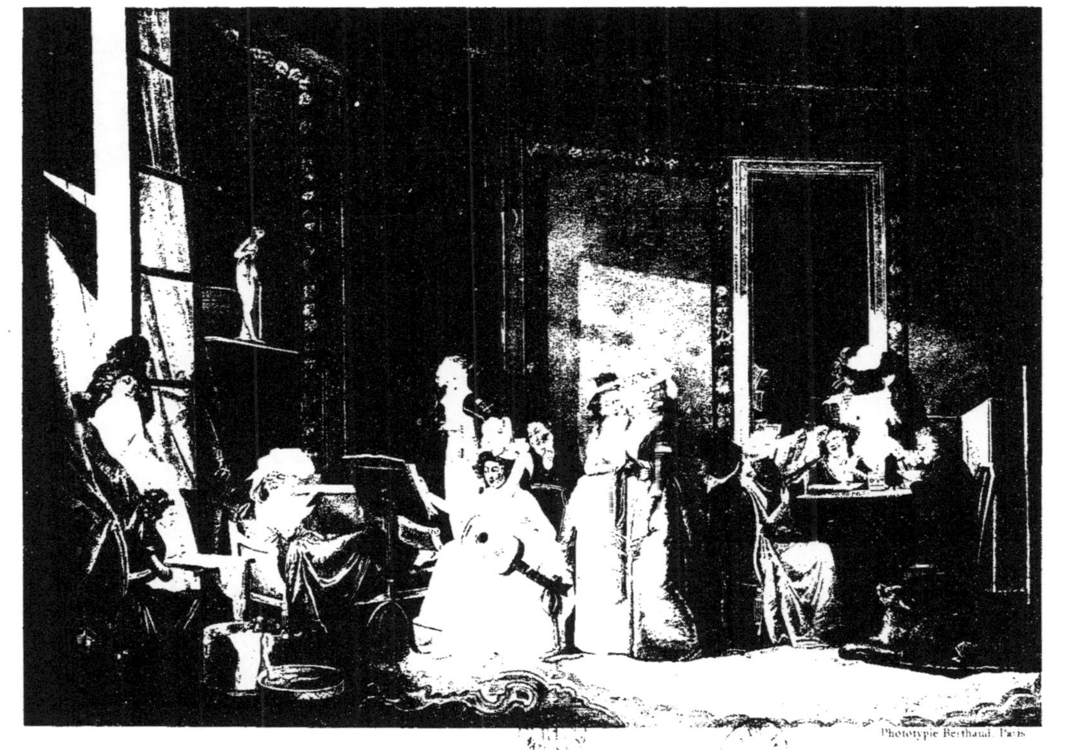

Phototypie Berthaud, Paris

74

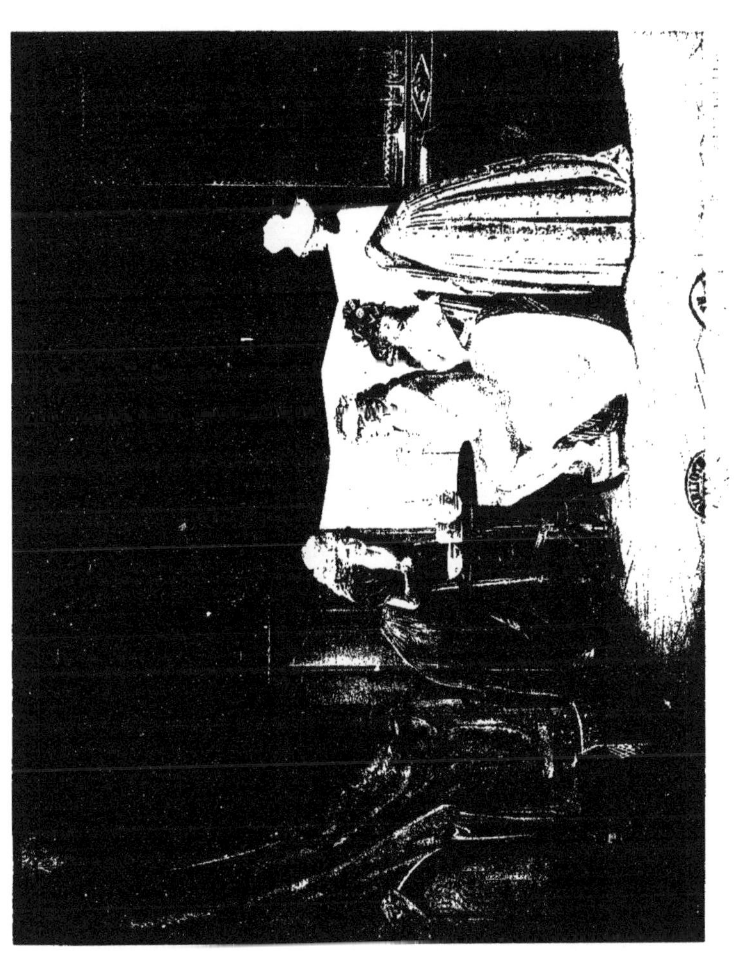

LEPRINCE (J.-B.)

72. — *Jeune femme assise*, vêtue d'une mante bordée de fourrure.

Crayon noir et sanguine.

LA LONDE

73. — *Vase d'orfèvrerie*, avec anses en forme de sirènes.

Dessin au trait et lavis d'encre de Chine; a été gravé.

MALLET

74. — *L'après-midi à la campagne.*

Dans un salon de forme circulaire, aux fenêtres largement ouvertes, sont groupés de nombreux personnages vêtus de riches costumes. Les uns causent en prenant du thé, pendant que d'autres font de la musique.

Importante gouache en très bel état de conservation.
Haut. : 0,37; larg. : 0,53. Cadre ancien en bois doré.

75. — *Après le bain.*

Dans une chambre à coucher, une jeune fille, qui vient de sortir du bain, prend une collation en même temps qu'elle s'entretient avec trois jeunes femmes.

Importante et gracieuse composition peinte à la gouache.
Haut. : 0m,31; larg. : 0m,40. Cadre ancien en bois doré.

76. — *Jeune femme offrant des rafraîchissements à un cavalier.*

Jolie gouache. Cadre ancien en bois doré.

77. — *La Coquette.*

Dans un boudoir, une jeune fille se pare devant une glace. Une autre est assise, tenant une rose.

Gouache. Cadre ancien, bois doré.

78. — *La jeune pénitente.*

Dessin au trait lavé d'encre de Chine.

MEUNIER

79. — *Vue de la Porte Saint-Bernard, à Paris.*

Intéressante aquarelle animée de nombreuses figures de marchands, cavaliers, voitures, etc.
Signée à gauche.

MOITTE (A.)

80. — *Jeune femme jouant avec un oiseau en cage.*

Gracieuse composition à la sanguine.
Signée et datée 1788.

LE JEUNE

81. — *Louis XVI prête serment à la Constitution (14 septembre 1791).*

Superbe dessin en grisaille rehaussé de gouache, où, à côté du Roi, l'on voit assemblés la plupart des personnages politiques de cette époque : Lafayette, Bailly, Mirabeau, etc. Au fond, à travers une arcade, on aperçoit la Reine et ses enfants.

Ce dessin a été reproduit en gravure par David.
Haut. : 0,30 ; larg. : 0,22.

LE JEUNE

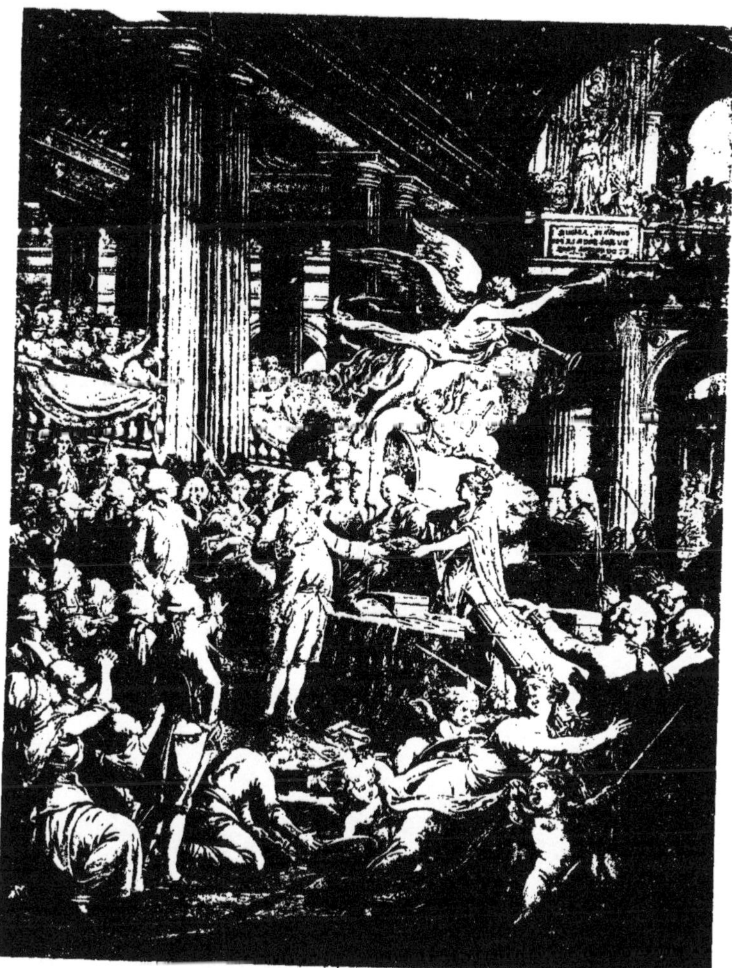

Phototypie Berthaud, Paris

MONNIER (H.)

82. — *Les redevances.*

Jolie aquarelle. Signée et datée 1846.

83. — *Grenadier de la Garde.*

Aquarelle avec rehauts de gouache
Signée et datée : Orléans 1833.

84. — *Bretonne.*

Aquarelle. Signée et datée : 1855.

MOREAU (Louis)

85. — *Paysage avec ruines.*

Au premier plan, sur un talus, sont assis le berger et la bergère, non loin broutent une vache et quelques chèvres ; une jeune fille s'en va, portant sur la tête un broc de lait. A l'horizon, de hautes montagnes bleues.

Jolie gouache signée à droite des initiales L. M. et datée 1776. Cadre ancien en bois doré.

86. — *Paysage animé de figures.*

Précieuse et fine gouache, de forme ronde, montée sur le couvercle d'une boite en poudre d'écaille.

87. — *Paysage montagneux avec vieux château en ruines;* au premier plan, quelques personnages.

Gouache. Cadre ancien en bois doré.

88. — *Chaumière à la lisière d'un bois.*

Jolie gouache animée de personnages.

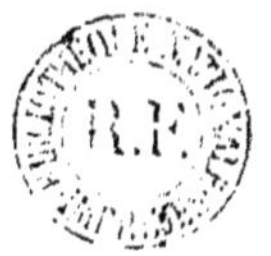

89. — *Paysage.*

Au premier plan, un cavalier tenant un cheval par la bride marche vers le village en donnant la main à une jeune villageoise. Au fond, la campagne.

Gouache de forme ronde. Signée des initiales L. M.

MOREAU (Louis) (Attribué à)

(DEUX PENDANTS)

90. — *Paysages.*

Au premier plan, auprès de grands arbres, une mare où des paysans viennent pêcher. A droite, une entrée de parc.

Une chaumière, près de la lisière d'un bois dans lequel s'engage un cavalier. Au premier plan, un homme, monté sur un cheval, entre dans un abreuvoir.

Jolies gouaches, d'une excellente conservation.

MOREAU (Louis) (Genre de)

(DEUX PENDANTS)

91. — *Paysage avec grands arbres. — Route dans une prairie.*

Gouaches.

MOUCHERON (Isaac)

92. — *Vue de Parc.*

Avec pièce d'eau monumentale, portique et statues se détachant sur la verdure des bosquets et des grands arbres.

Fine aquarelle.

NICOLLE (V.-J.)

93. — *Vue de la porte Castello* et du Château Saint-Ange, anciennement le Mausolée d'Adrien, a Rome.

Aquarelle de forme ronde.
Cadre ancien en bois doré.

94. — *Vue de la porte du Saint-Esprit,* prise près de l'hôpital du même nom, à Rome.

Aquarelle de forme ronde.

95. — *Vue de l'arc de Septime-Sévère,* situé au pied du Mont Capitolin, à Rome.

Vue de la place du Peuple, à Rome.

Deux aquarelles, faisant pendant.

96. — *Vue de l'Église Saint-Georges,* sur le Grand-Canal, à Venise.

Vue du Pont-Sixte et d'une partie de la Farnésienne, sur le Tibre, à Rome.

Deux aquarelles, faisant pendant.

97. — *Vue de la partie septentrionale du Colisée et de Saint-Jean-de-Latran,* à Rome.

Aquarelle de forme ronde.

98. — *Vue de la ville de Genève,* vers la cathédrale et la montagne de Salère, près des bastions.

Vue de la Porte-Neuve, près de la Promenade dite Plein-Palais, à Genève.

Deux aquarelles signées, faisant pendant, de forme ovale.

99. — *Intérieur d'Église.* — *Place publique,* en Italie.

Deux dessins à la sépia.

100. — *Temple antique en Italie.* — *Paysages d'Italie :* tour, colonne, temple antique.

Deux aquarelles faisant pendant. Signées.

101. — *Intérieur de l'Église de Sainte-Constance.* anciennement le Temple de Bacchus, situé hors les murs et à deux milles de Rome.

Aquarelle signée.

102. — *Vue du Campanile et de l'hopital du Saint-Esprit*, en face de la coupole de Saint-Jean-de-Florentin.

Aquarelle.

103. — *Vue du Pont et du Fort Saint-Ange,* au loin, l'Église Saint-Pierre, à Rome.

Aquarelle.

104. — *Vue d'une Église avec pièce d'eau* en avant de la façade, en Italie.

Aquarelle.

105. — *Vue de l'Église Saint-Jacques,* située sur le mont Calcius, près l'ancienne Pêcherie, à Rome.

Aquarelle.

106. — *Vue de la Contrade* (ou rue) de l'Hôpital du Saint-Esprit et du Palais du Commandeur de la Congrégation dudit Hôpital et de la Coupole de Saint-Pierre, à Rome.

Aquarelle.

NILSON

107. — *Cartouche rocaille.*

Surmonté de l'aigle impérial allemand, il est dressé contre un obélisque sur le piédestal duquel une Renommée semble chanter les exploits d'un personnage royal dont le pied s'appuie sur un crâne et dans lequel il nous semble reconnaître Frédéric II, dit le Grand.

Ce beau dessin, au lavis d'encre de Chine, est reproduit sur la couverture du présent catalogue. Cadre ancien bois doré.

(DEUX PENDANTS)

108. — *Scènes de comédie.*

Beaux et importants dessins à l'encre de Chine. Cadres anciens en bois sculpté.

109. — *Vignettes pour la Vie des Saints,* cartouche. médaillon pour portrait, décoration intérieure d'église.

Cinq ff. à l'encre de Chine. Plusieurs de ces pièces ont été gravées.

NORBLIN (J.-V.)

(DEUX PENDANTS)

110. — *Scènes de l'Enfant prodigue.*

Sépias.

111. — *Intérieur de ferme,* scène familiale.

Encre de Chine et gouache blanche. Cadre ancien en bois doré.

OPPENORT (G.-M.)

112. — *Dessin du meuble.*

La base, en forme de console ornée de deux couples de personnages enlacés en gaines, supporte un édicule à dôme orné de trophées guerriers, au centre duquel se dresse la statue de Louis XIV, en costume romain.

Sépia.

PAJOU

113. — *Piédestal formé par des femmes vêtues à l'antique se tenant par la main.*

Sépia rehaussée de gouache. Signée.

LE PAULTRE

114. — *Architecture intérieure de Palais* avec colonnes et décorations peintes.

Plume et lavis.

PERCIER (Ch.)

(DEUX PENDANTS)

115. — *Dessins de divers meubles : Canapés, causeuses, sièges, fauteuils, guéridons, tabouret, secrétaire, bibliothèque, tables à ouvrage,* etc.

Très beaux dessins, réunis en deux feuilles, à l'aquarelle relevée de gouache. Signés.

PERCIER (Ch.)

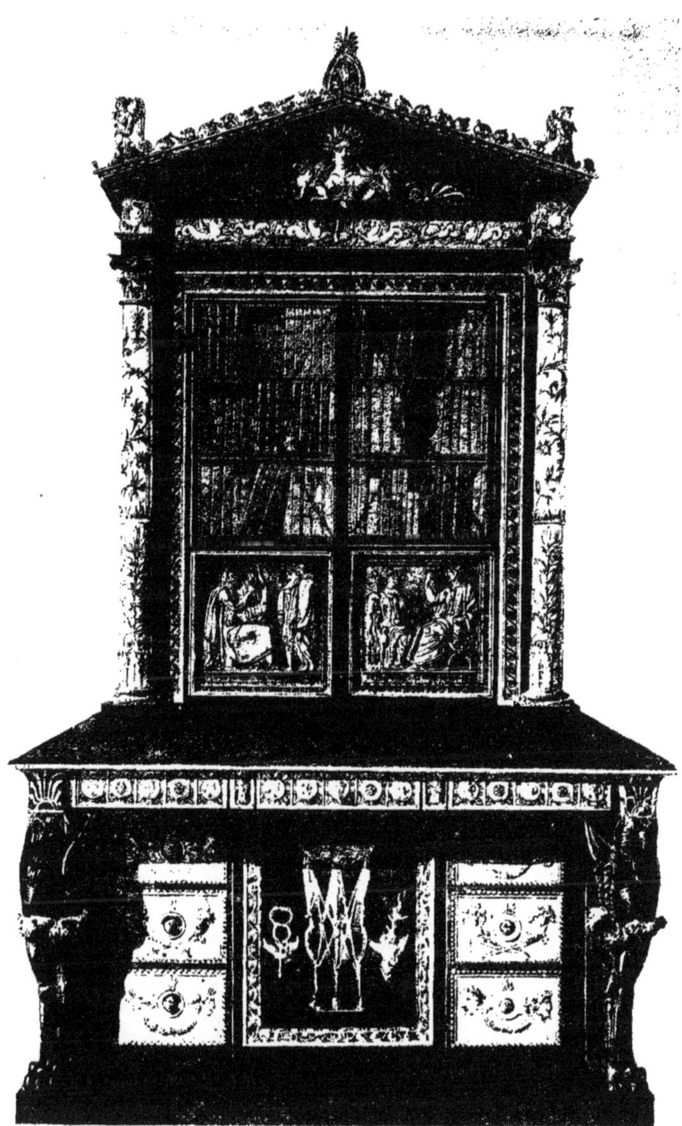

Phototypie Berthaud, Paris

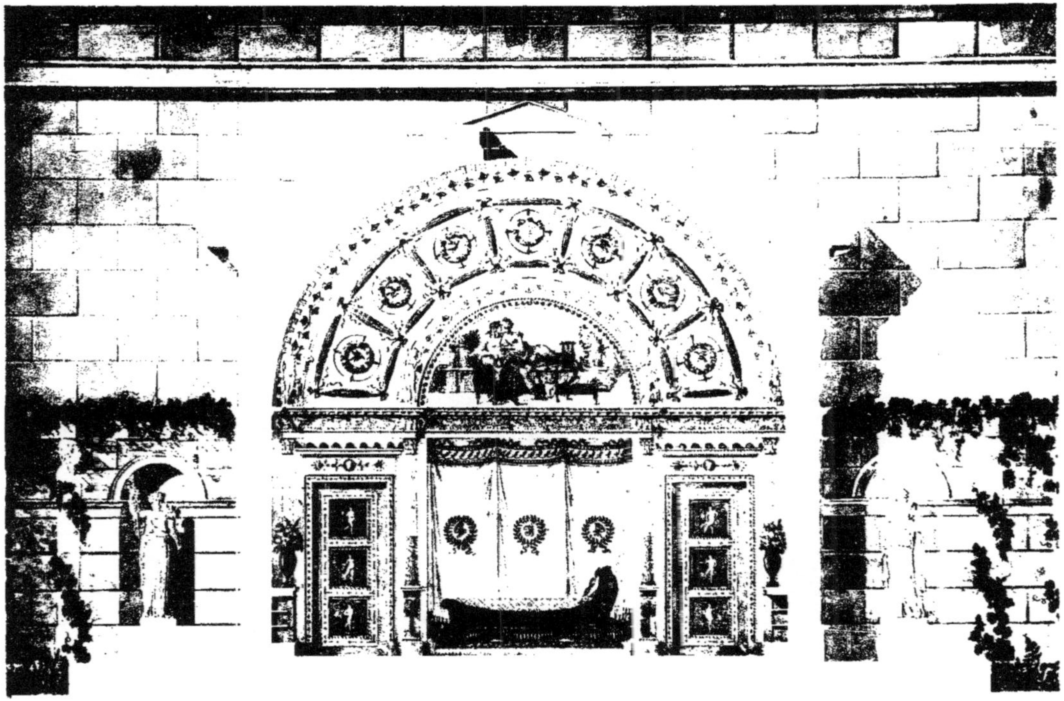

PERCIER

116. — *Coupe d'un pavillon situé au fond d'un jardin.*

Cette coupe laisse apercevoir la décoration intérieure d'un boudoir avec lit de repos, de style pompéien.

Dessin au trait relevé d'aquarelle.
Haut. : 0,43 ; larg. : 0,55.

PERCIER

117. — *Place publique,* en Italie.

Aquarelle.

PÉRIGNON (N.)

118. — *Vue de village avec cours d'eau,* grands arbres et figures.

Gouache. Cadre ancien en bois doré.

PERNET

119. — *Fontaine monumentale sous un portique;* au centre, des charmilles décorées de vases. — *Autre fontaine* formée par une colonne au centre d'un bassin circulaire bordé d'une galerie monumentale décorée de statues, avec colonnes et portiques.

Deux dessins aquarellés sur la même feuille.

PICARD (BERNARD)

120. — *Allégorie de la République des Pays-Bas.*

Signé et daté 1722. Lavis d'encre de Chine. Cadre ancien en bois doré.

121. — *Composition pour l'histoire des religions.*

Lavis. Cadre ancien en bois doré.

122. — *Jésus-Christ délivrant un possédé.*

Lavis rehaussé de blanc. Signé et daté 1713. Cadre ancien en bois doré.

PIGAL

123. — *Scène populaire.*

De joyeux buveurs regardent avec pitié un marchand de coco, se faisant servir un verre de vin à la porte d'une auberge.

Aquarelle signée.

PILLEMENT (JEAN)

124. — *La Cascade.*

A travers un entassement de rochers reliés par une passerelle, la cascade se précipite en rejaillissant de tous côtés. Au premier plan, des pêcheurs.

Crayon noir. Signé et daté 17[illegible]3.

PRIEUR (L.)

125. — *Décoration de salon avec boiseries et dessus de portes d'Amours :* vue du côté des croisées, vue du côté de la cheminée.

Deux feuilles. Trait et lavis d'encre de Chine.

126. — *Panneaux décoratifs :* Vasques, Cornes d'abondance et tête rayonnante.

Trait et lavis d'encre de Chine.

PRINS (J.-H.)

(DEUX PENDANTS)

127. — *Vues de Hollande.*

Aquarelles. Signées et datées 1865.

PUNT (J.)

128. — *Panneau décoratif, pour écran.*

Un jeune couple s'avance vers un pavillon, guidé par l'Amour. Au premier plan, des armoiries et des personnages allégoriques avec les emblèmes de la navigation.

Signé et daté 1738.

QUEVERDO (F.-M.-J.)

129. — *Le tendre abandon.*

Auprès d'un cours d'eau, une jeune fille s'abandonne dans les bras d'un joli garçon; de grands arbres les abritent et un monticule de terrain les dérobe à la vue des passants.

Gouache. Cadre ancien en bois doré.

RAFFET

130. — *La grande chaumière.*

Aquarelle. Signée et datée 1846.

131. — *Artilleurs au repos.*

Aquarelle.

RANSON

132. — *Décorations de boudoir avec alcôve et lit de repos.*

Suite de cinq dessins différents exécutés à la plume et gouachés. Signés.

RIESENER

133. — *Deux panneaux décoratifs en hauteur* composés de motif central avec enroulements, guirlandes de fleurs et figures d'Amours.

Au trait lavé d'encre de Chine. Deux dessins sur la même feuille.

ROBERT (Hubert)

134. — *Intérieur d'un Palais en ruine.*

Percé de longues et somptueuses galeries à colonnes et portiques, ornées de statues et communiquant avec la cour centrale par de larges escaliers, le Monument, dont le « peintre des ruines » nous montre les splendeurs, a été peuplé de personnages vêtus à l'antique qui lui apportent l'animation et la vie.

Composition d'une grandeur incomparable et d'une exécution magistrale, dessinée à la sépia; les personnages sont rehaussés de spirituelles touches d'aquarelle.

Haut. : 0,43; larg. : 0,32. Cadre ancien en bois doré.

135. — *L'abreuvoir.*

A la base d'un portique aux riches sculptures s'étend une mare où des bœufs viennent s'abreuver. Accroupie

ROBERT (HUBERT)

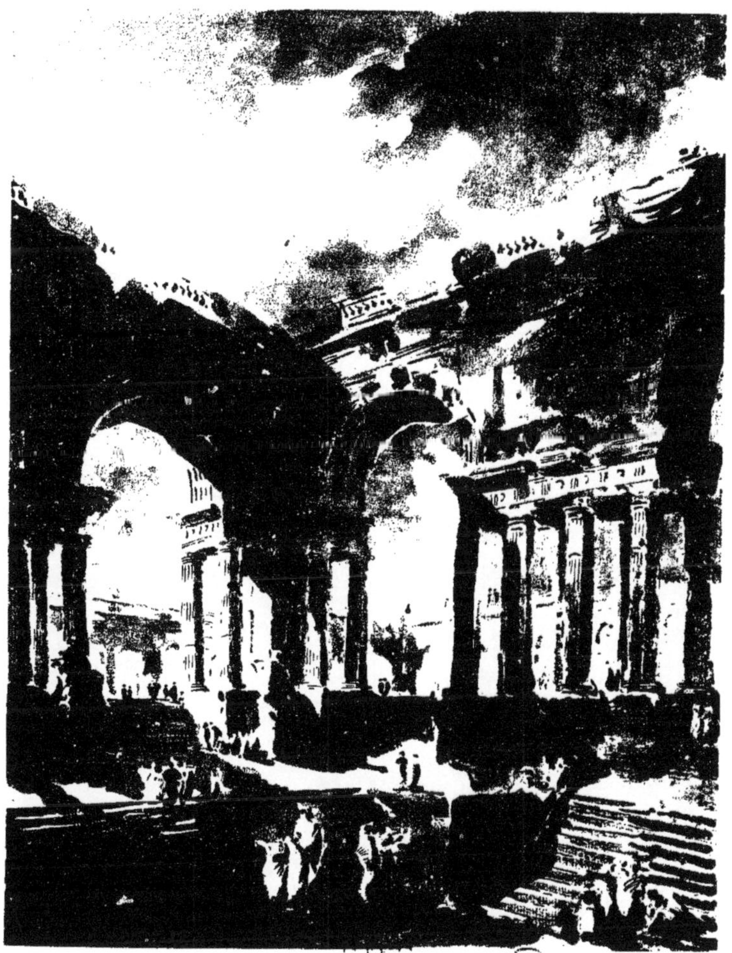

Phototypie Berthaud, Paris

ROBERT (HUBERT)

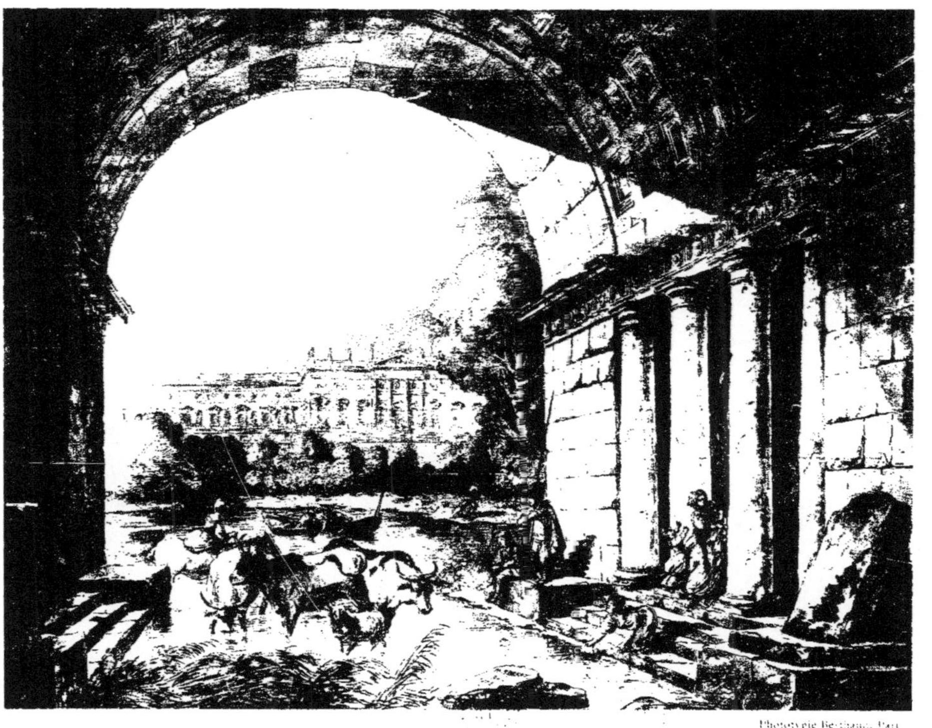

Phototypie Berthaud, Paris

135

sur des marches de pierre, une femme puise de l'eau; plus loin, auprès de bouquets d'arbres une barque de pêche est amenée au rivage. Dans le fond, on aperçoit la façade d'un palais.

Important et très beau dessin au lavis d'encre de Chine sur trait de plume.
Signé et daté 1773.
Haut. : 0,44; larg. : 0,57. Cadre ancien en bois doré.

136. — *Galerie avec voûtes, arcades et statues dans des niches.*

Au premier plan, assis dans un tonneau, un homme dessine.

Sanguine et sépia rehaussées d'aquarelle.

137. — *Cour de ferme.*

Vigoureuse sanguine.

138. — *Souvenir d'Italie.*

Au pied d'un socle surmonté d'un vase antique, une jeune femme joue avec un chien.

Sanguine, avec signature sur le socle.

ROSLIN (Attribué à)

139. — *Famille rassemblée dans un salon.*

Dessin à l'encre de Chine et rehaussé de gouache blanche.

RUBENS (Pierre-Paul) (Attribué à)

140. — *Entourage de médaillon* composé d'une guirlande de fleurs et de figures d'enfant.

Camaïeu sépia.

DE LA RUE

141. — *Allégories de Nymphes et Amours. Sujets de pendules. Armoiries.*

Neuf dessins à la plume, lavis d'encre de Chine.

SAINT-AUBIN (Gabriel de)

142. — *Dessin pour vignette.*

Cartouche d'ornementation rocaille avec sujet au centre : devant une cascade, des personnages assis semblent écouter un joueur de guitare.

Trait lavé d'encre de Chine.

SARRAZIN

143. — *Bords d'une rivière avec rochers surmontés d'un village.*

Gouache. Cadre ancien, bois doré.

SCHOUTEN (Van)

144. — *Hôtel de Ville de Boeckholt.*

Très fine aquarelle animée de nombreux personnages.
Haut. : 0,33 ; larg. : 0,41.

SICARDI

145. — *O che boccone!* « Oh! quelle bouche! »

Pierrot témoigne son admiration à la vue d'une jolie fille endormie.

Joli dessin au crayon noir, a été reproduit par la gravure.

SCHOUTEN (VAN)

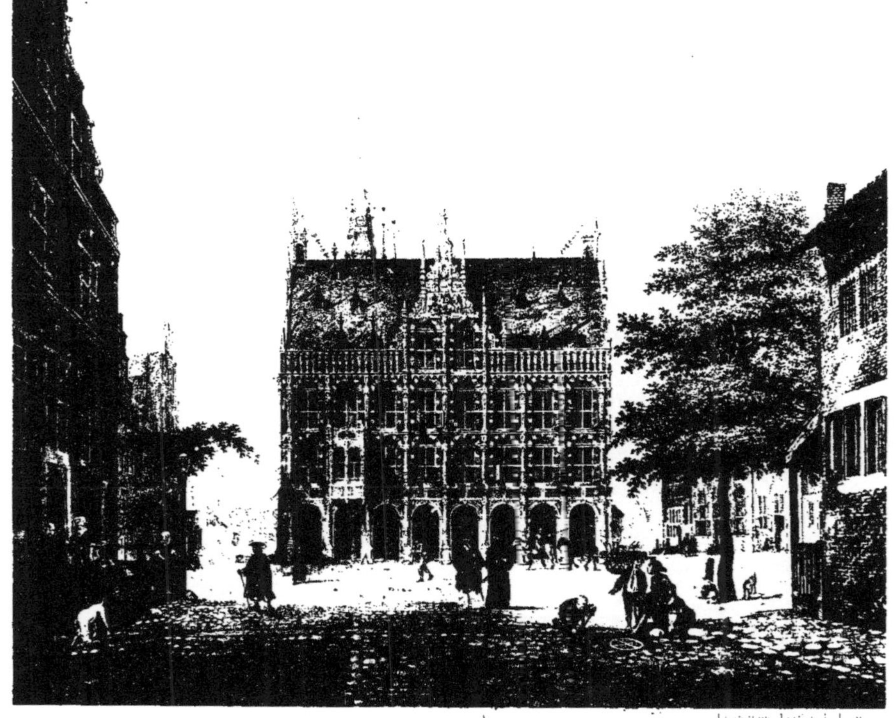

141

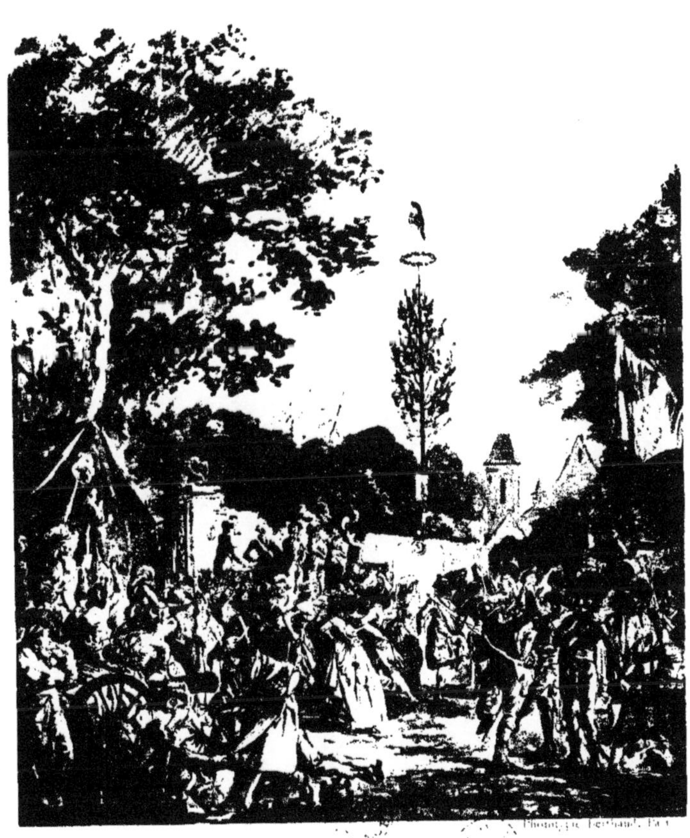

Phototypie Berthaud, Paris

SERGENT MARCEAU

146. — *Plantation d'un arbre de la Liberté.*

Dans un village, aux environs de Paris, la fête civique vient de s'accomplir, les artilleurs quittent leur canon pour se mêler à la foule des danseurs et des buveurs.

Belle et curieuse composition finement traitée à l'aquarelle.
Haut. : 0.29; larg. : 0.22. Cadre ancien, bois doré.

SWAGERS

(DEUX PENDANTS)

147. — *Sujets de marine en Hollande*

Lavis d'encre de Chine.

SWÉBACH DIT DES FONTAINES

148. — *Scène de campement dans une galerie.*

Aquarelle gouachée.
Signée et datée 1788.

149. — *Le ferrement des chevaux.*

Aquarelle.

150. — *Armée en marche.*

Trait de plume et sépia.

SWÉBACH (Attribué à)

(DEUX PENDANTS)

151. — *Champ d'entraînement. Équipages, voitures et cavaliers.*

Gouaches.

TIÉPOLO (J.-B.)

152. — *Scène biblique.*

Grand Prêtre bénissant les fidèles.

Plume et sépia.

TRINQUESSE

153. — *Personnage assis jouant de la guitare.*

Sanguine. Cadre ancien en bois doré.

154. — *Femme assise, ôtant ses bas.*

Crayons noir et blanc.

VERNET (CARLE)

155. — *Caricatures sur les ballons.*

Trois dessins à la sépia.

VILLERET

156. — *Le marché des Innocents. — Autre rue du même marché. — Notre-Dame de Paris. Le Panthéon. — La colonne Vendôme.*

Signés et datés 1830.

On a joint un sixième dessin de Gobault : *Combat au faubourg Saint-Antoine.*

En tout six aquarelles sur la même feuille.

VINCENT (F. A.)

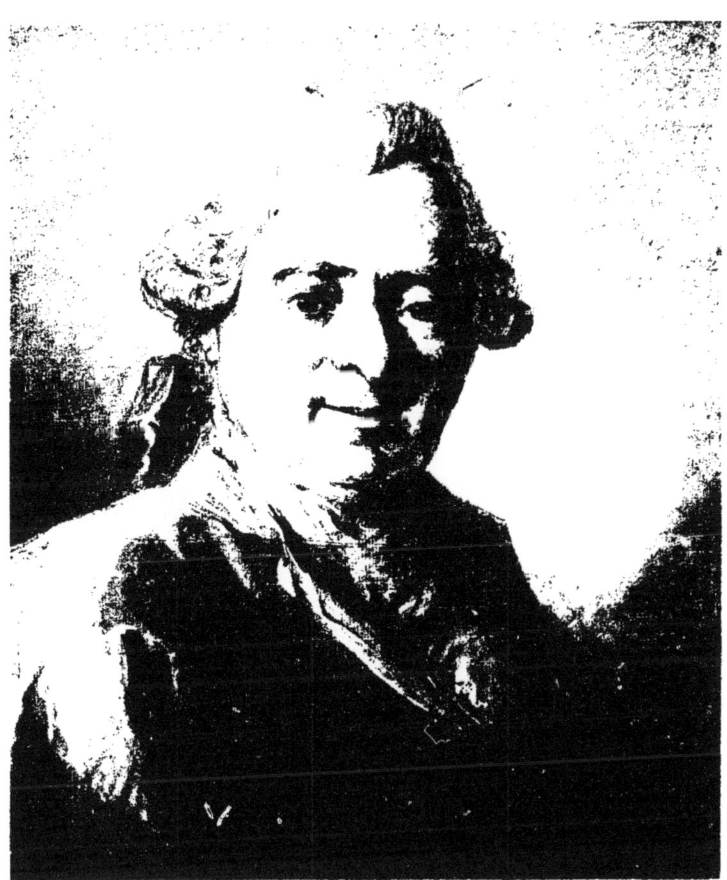

Phototypie Berthaud, Paris

157

WATTEAU (Louis)

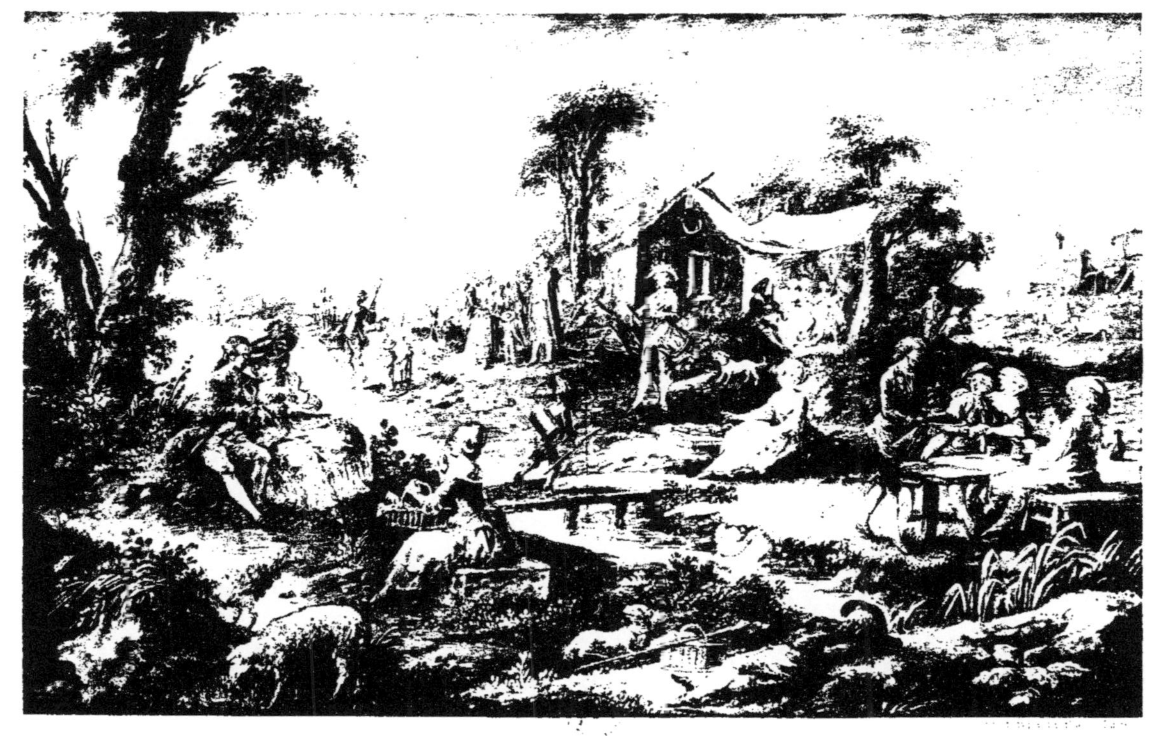

16

VINCENT (F.-A.)

157. — *Portrait d'homme, vu en buste, de face, les cheveux poudrés.*

Remarquable dessin aux deux crayons.
Haut. : 0,47 ; larg. : 0,38. Cadre ancien en bois doré.

VITELLE (VAN)

(DEUX PENDANTS)

158. — *Vue de la Place du Peuple*, à Rome. — *Vue du fort Saint-Ange*, à Rome.

Gouache. Cadres anciens en bois doré.

159. — *Intérieur d'église.*

Très belle gouache. Cadre ancien en bois doré.

WATTEAU (LOUIS)

160. — *Fête villageoise.*

Sous une tente, des jeunes gens s'abandonnent au plaisir de la danse, d'autres s'écartent au loin pour causer plus à l'aise. Des buveurs s'assemblent autour d'une table, des flâneurs entourent un charlatan qui débite ses drogues (XVIIIe siècle).

Belle composition d'une charmante tonalité peinte à la gouache.
Haut. : 0,33 ; larg. : 0,52. Cadre ancien en bois doré.

WEENIX (J.-B.)

161. — *Panneau décoratif.*

Motif architectural décoré de statues, de groupes et de vases, laissant voir au loin la campagne.

Trait de bistre lavé d'encre de Chine.

162. — *Autre panneau décoratif.*

Vue du parc avec terrasses, pavillon et pièce d'eau.

Trait et lavis d'encre de Chine.

ÉCOLE ALLEMANDE

163. — *Série de vingt costumes d'hommes et de femmes de Nuremberg* (XVIIe siècle).

Curieuses aquarelles sur vélin, dans le goût de Hollar.

164. — *Panneaux décoratifs* rocaille, cartouches, meubles avec dressoirs (XVIIIe siècle).

Huit dessins divers, lavis et aquarelles.

ÉCOLE ANGLAISE

165. — *La Danse.*

Un jeune homme et une jeune fille, vêtus à l'antique et tendrement enlacés, se livrent au plaisir de la danse.

Sanguine. Cadre ancien en bois doré.

ÉCOLE FRANÇAISE (XVIIIe SIÈCLE)

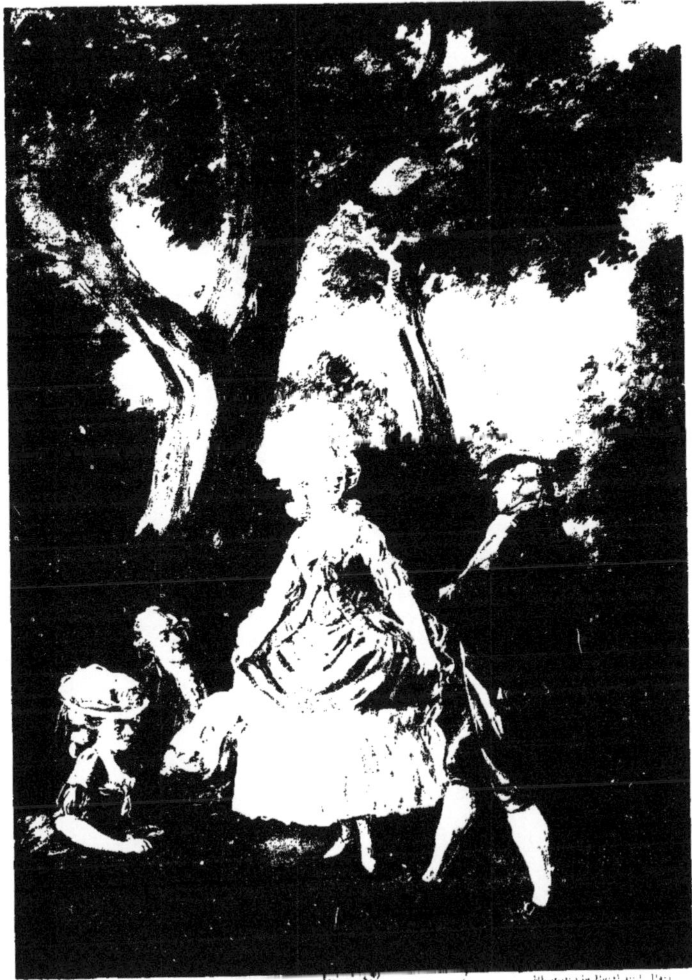

166

ÉCOLE FRANÇAISE

166. — *La récréation champêtre.*

A l'ombre de grands arbres, un couple de jeunes gens danse au son de la guitare que joue un des assistants. (XVIIIe siècle).

Très jolie gouache dans un excellent état de conservation. Haut. : 0,35; larg. : 0,24. Cadre ancien en bois doré.

167. — *L'abbé Chappe et la famille de Saint-Aubin (?).*

Dans une pièce servant de bibliothèque, toute la famille est réunie, paraissant écouter discourir un abbé (XVIIIe siècle).

Trait et sépia.

168. — *La Fête au village. — L'Abreuvoir.*

Deux jolies compositions faisant pendant (XVIIIe siècle).

Aquarelles.

169. — *Modes du temps de Louis XVI.*

Un gentilhomme élégant aide deux dames à entrer dans une voiture dont on a démonté le dessus afin de permettre l'introduction de leurs hautes coiffures.

Curieux dessin au trait lavé d'encre de Chine. Cadre ancien en bois doré.

170. — *Salle de spectacle.*

Elle est remplie de spectateurs; sur la scène on a installé un théâtre de marionnettes (fin du XVIIIe siècle).

Aquarelle. Cadre ancien en bois doré.

171. — *Paysage d'automne.*

Sous de grands arbres, des moutons reposent, au bord du chemin un couple devise (XVIIIe siècle).

Belle gouache d'une chaude tonalité.

172. — *Paysage boisé*, avec silhouettes d'hommes portant un fusil (XVIIIe siècle).

Gouache.

173. — *Habitation dans la forêt* (XVIIIe siècle).

Gouache. Cadre ancien en bois doré.

174. — *Habitation villageoise auprès de grands arbres.* Un paysan est assis, son chien est près de lui (XVIIIe siècle).

Gouache. Cadre ancien en bois doré.

175. — *Vue de l'arc de Constantin, à Rome* (XVIIIe siècle).

Beau dessin à l'aquarelle, rehaussé de gouache.

176. — *Vue du fort Saint-Ange, à Rome* (XVIIIe siècle).

Aquarelle.

177. — *Halle aux poissons*, érigée près de la porte d'Aix, en la ville de Marseille, sur les dessins de Puget (XVIIIe siècle).

Aquarelle.

178. — *Vénus sur les eaux*, conduite par des Amours chevauchant sur des Cygnes (XVIIe siècle).

Gouache. Cadre ancien en bois doré.

179. — *Coin de boulevard*, animé de nombreux personnages (fin du XVIIIe siècle).

Lavis d'encre de Chine.

180. — *Les Vendanges* (XVIIIe siècle).

Trait lavé d'encre de Chine. Cadre ancien en bois doré.

181. — *La Jeunesse de Paul et Virginie* (commencement du XIXe siècle).

Dessin au lavis, pour éventail.

182. — *Diplôme pour l'artillerie* (commencement du XIXe siècle).

Beau dessin au lavis.

183. — *Quatre encadrements d'almanach*, dont deux avec les armes royales (commencement du XIXe siècle).

Trait et lavis d'encre de Chine.

184. — *Projet pour décoration de fête.*

Au centre, un édifice hexagonal, formant rotonde, orné de figures allégoriques, surmonté d'une Minerve et d'une couronne royale, se détache sur un hémicycle formé, d'un côté partie d'arbre et de l'autre partie d'architecture (XVIIe siècle).

Trait de plume et lavis.

185. — *Décoration de fête pour place publique.*

Rotonde avec colonnade et galerie; de chaque côté, une terrasse est couverte de spectateurs (XVIIe siècle).

Trait et lavis d'encre de Chine.

186. — *Projet de jardin à la française,* avec escalier et pavillon (XVIIe siècle).

Lavis d'encre de Chine.

187. — *Modèle d'un riche carrosse* (XVIIIe siècle).

Lavis rehaussé d'aquarelle.

188. — *Quatre modèles de carrosses :* Carrosse avec armoiries d'archevêque, Carrosse royal aux armes de

France, Carrosse aux armes du Dauphin, Carrosse de Dame avec sculptures d'Amours et guirlandes de fleurs.

4 pièces gouachées.

189. — *Projet de pendule* surmonté d'un vase avec lumières de chaque côté. Sur le tertre, une bergère est endormie (XVIIIe siècle).

Très beau dessin à l'aquarelle.
Haut. : 0,37 ; larg. : 0,31.

190. — *Gaine surmontée d'une torchère à 3 lumières* (XVIIe siècle).

Trait et lavis.

191. — *Décoration pour un salon* (XVIIIe siècle).

Elle est formée par trois panneaux, surmontés de peintures de forme cintrée, séparés par des statues placées entre des colonnes. Les peintures représentent : Psyché et l'Amour, l'Amour et Vénus, le Jugement de Pâris. Les pendentifs des cintres sont décorés de groupes d'Amours : les Sciences et les Arts.

En marge, on lit : « Projet de peintures du boudoir de la citoyenne Grandin ».

Belle composition au trait et à l'aquarelle.

192. — *Décoration de salon* (XVIIIe siècle), avec deux cheminées, colonnes et statues. Le plafond ainsi que les voussures sont décorés de peintures et sont séparés par une galerie de balustres.

Trait et lavis d'encre de Chine.

193. — *Décoration de boudoir*, vue du côté de l'alcôve et vue du côté de la corbeille de fleurs, avec détail des frises et de la décoration (commencement du XIXe siècle).

Aquarelle.

ÉCOLE FRANÇAISE (XVIIIe SIÈCLE)

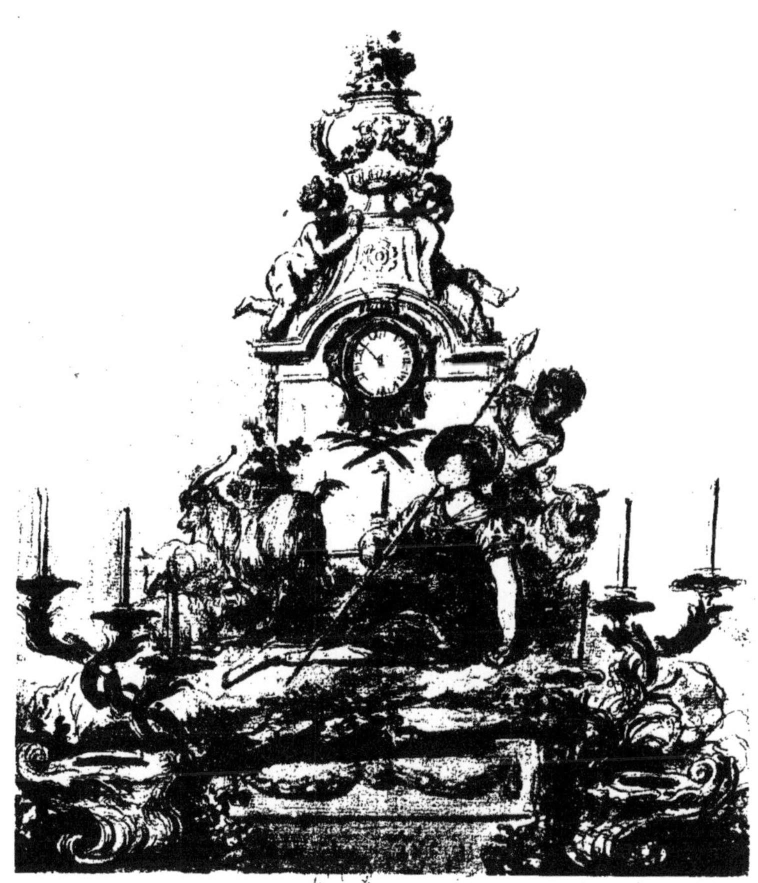

189

ÉCOLE FRANÇAISE (XVIIIe SIÈCLE)

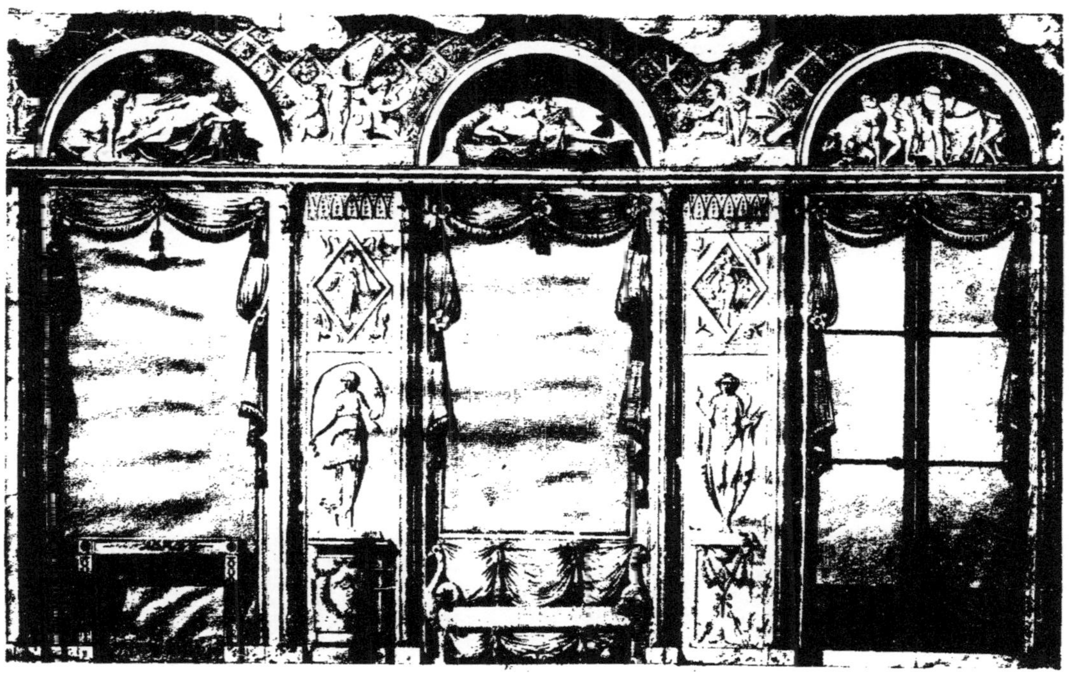

Phototypie Berthaud, Paris

191

194. — *Dessin de la Tapisserie du Cabinet de la Reine* (XVIIIe siècle).

Joli dessin rehaussé d'aquarelle.

195. — *Corniche de plafond* d'un grand salon, avec décoration peinte représentant, dans des cartouches, des personnages allégoriques et des bustes (XVIIe siècle).

Aquarelle gouachée. Cadre ancien en bois doré.

196. — *Décoration de plafond*, style grec (commencement du XIXe siècle).

Trait et aquarelle.

197. — *Encoignure de plafond :* cartouche avec draperie soulevée par un Amour (XVIIe siècle).

Trait de plume.

198. — *Projet d'autel* (XVIIe siècle).

Joli dessin au trait de bistre.

ÉCOLE ITALIENNE

199. — *Costume de ballet :* Femme tenant un éventail, femme tenant un perroquet (XVIIe siècle). 115

Gouaches sur vélin rehaussées d'argent et d'or. Cadres anciens en bois doré.

200. — Sous ce numéro, environ 100 pièces : dessins, aquarelles, gouaches encadrées ou sous verre de différentes époques.

201. — Sous ce numéro environ 400 pièces : dessins, aquarelles et gouaches à vendre par lots.

MINIATURES

202. — *L'Accord parfait,* par N. Lavreince.

Dans un intérieur élégant, assise auprès d'une cheminée, une dame, vêtue d'une robe blanche pince de la guitare. A droite, près d'elle et debout, vêtu d'un habit rouge, l'épée au côté, un jeune gentilhomme joue du violon.

Cette ravissante miniature, d'une exécution remarquable, peut être justement considérée comme une des œuvres les plus charmantes du maître.

Elle est de forme ronde, sur ivoire, entourée d'un cercle d'or, et montée sur le couvercle d'une boite en écaille blonde Elle est signée à gauche : *N. Lavrince.*

LAVREINCE (Nicolas)

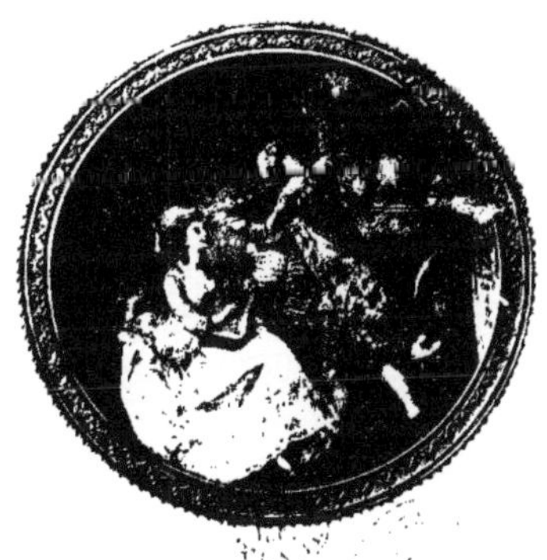

262

203. — **Miniature ovale sur ivoire,** du temps de Louis XVI. Portrait de dame vêtue d'un corsage rouge à fleurs et coiffée d'un bonnet au-dessus de ses cheveux relevés autour de la tête.

Cercle ancien en or.

204. — **Miniature ovale sur ivoire,** du temps de l'Empire. Portrait de jeune fille, vue de face et en buste, vêtue d'un corsage bleu clair, largement décolleté et d'une écharpé rouge.

205. — **Miniature ovale sur ivoire.** Portrait de la reine Marie-Antoinette en costume de laitière, le bras appuyé sur un broc et tenant une mesure de lait à la main.

Cadre bronze ciselé et doré.

206. — **Miniature ovale sur ivoire,** par Castrique, signée et datée 1793. Portrait en buste du duc de Normandie, puis Dauphin de France.

Cadre Louis XVI en bronze doré.

207. — **Miniature ovale sur ivoire,** du temps de Louis XVI, signée Ribou, représentant une jeune femme en buste et de face, les cheveux poudrés, et vêtue d'un corsage bleu garni de fourrures.

208. — **Miniature ancienne sur ivoire,** de forme ronde. Portrait de femme vue à mi-corps, de face et assise, tenant un livre à la main. Elle est coiffée d'un chapeau noir et vêtue d'une robe à collet et revers couleur carmélite, d'un gilet rouge avec cravate et jabot blancs. Fond de paysage.

209. — **Miniature sur ivoire, de forme carrée,** du temps de l'Empire, représentant, dans un pay-

sage, assise auprès d'un arbre, une jeune femme vêtue d'un costume blanc, tenant un raisin qu'elle offre à son enfant, appuyé contre elle.

210. — **Miniature ronde sur ivoire**, du temps de Louis XVI. Portrait d'actrice, vêtue à la romaine, la chevelure blonde ornée d'une rose.

211. — **Boite ronde en écaille brune**, dont le couvercle est surmonté d'une miniature dans le genre de Lioux de Savignac, représentant un paysage avec pièce d'eau devant un château, ainsi que des personnages dansant, d'autres en promenade.

212. — **Miniature ronde sur ivoire**, du temps de Louis XVI, représentant un cours d'eau dont les rives sont couvertes de grands arbres. Des promeneurs en bateau et des baigneurs animent cette gracieuse composition.

213. — **Miniature ronde sur ivoire**, du temps de l'Empire. Portrait de femme costumée de blanc et coiffée d'un chapeau bleu, les épaules couvertes d'une écharpe de même couleur. Elle est assise près d'une table.

214. — **Miniature ancienne sur ivoire**, de forme ronde. Portrait de jeune femme en costume de bacchante.

Cadre ancien en bronze doré.

215. — **Miniature ronde sur ivoire**, du temps du Directoire, signée Nepveu, représentant, dans un jardin, trois jeunes femmes dont deux sont assises sur un banc.

Cadre bronze doré de l'époque.

216. — **Miniature ovale sur ivoire**, du temps de Louis XVI, d'après Baudouin : Les Amants surpris.

Petit cadre ancien en bronze doré.

217. — **Miniature ovale sur ivoire**, portrait de Hérold (?), enveloppé d'un grand manteau.

218. — **Miniature ronde sur ivoire**, du temps de l'Empire. Portrait de jeune femme portant une corbeille dans laquelle se trouve une colombe.

219. — **Miniature ronde sur ivoire**, du temps de l'Empire. Portrait de dame, en buste et de face, vêtue d'un peignoir blanc très décolleté et portant des gerbes de roses dans ses bras.

220. — **Miniature ovale sur ivoire**, du temps de l'Empire. Portrait de jeune femme vêtue de blanc, ceinture bleue, portant au cou un médaillon avec portrait d'homme.

221. — **Miniature ovale sur vélin**, XVIIIe siècle. Portrait de dame assise, le bras appuyé sur une table, et tenant un éventail. Elle est vêtue d'une robe blanche à nœuds bleus, la chevelure est enserrée sous un volumineux bonnet.

222. — **Miniature ronde ancienne sur ivoire**. Portrait de femme, du temps de Louis XVI, en buste et de face, les cheveux poudrés, corsage blanc et fichu jaune sur la poitrine.

223. — **Miniature ronde sur ivoire**, du temps de Louis XVI. Portrait de femme en corsage et fichu blancs, les cheveux serrés sous un foulard d'étoffe à rayures.

224. **Miniature** du temps de Louis XVI sur vélin, de forme rectangulaire. Portrait d'homme vu en pied, entouré des portraits de sa famille.

225. — **Boite ronde en écaille**, ornementée d'argent. Sur le couvercle, au centre d'enroulements, un sujet représentant un personnage nimbé auprès d'un dauphin et un amour dans les airs. XVIIe siècle.

226. **Miniature ovale sur ivoire**, du temps de Louis XVI. Portrait de femme, en buste et de face, chevelure poudrée et vêtue d'une robe blanche avec un large plissé autour de la poitrine.

227. **Boite ronde en ivoire**, cerclée d'écaille, ornée au centre du couvercle d'une miniature ovale sur ivoire représentant une femme du temps de Louis XVI, coiffure poudrée, vêtue d'un corsage bleu.

228. **Miniature ancienne ovale sur ivoire**. Portrait d'homme du temps de la Révolution, vêtu d'une ample redingote brune.

229. — **Boite ronde en écaille brune**, ornée d'une miniature sur ivoire, du temps de l'Empire, signée Goulié, représentant une femme vue de face et en buste, la chevelure brune relevée par un large peigne en perles et vêtue d'une robe en mousseline blanche brodée.

230. **Miniature ovale sur ivoire**, du temps de la Restauration, signée Cior. Portrait de dame coiffée d'un bonnet blanc, vêtue d'un corsage en mousseline blanche brodée et d'une écharpe rouge bordée de de cachemire.

231. — **Miniature ovale sur ivoire,** du temps de Louis XVI.
Portrait d'ecclésiastique portant au cou l'ordre du Saint-Esprit.

Cadre ancien en bronze doré et filigrane.
A l'intérieur : G. S. Strasbourg, 18 decembre 1786.

232. **Miniature ovale sur ivoire,** du temps de Louis XVI. représentant une jeune femme à la chevelure poudrée, vêtue d'un corsage d'étoffe changeante bordé de mauve. Elle porte à l'intérieur l'inscription : Jeanne de Valois Saint-Remy. Dme de la Motte, née le 22 juillet 1756. peinte en 1785.

Cadre du temps en bronze doré.

233. **Miniature ronde sur ivoire,** du temps de Louis XVI. représentant. de face et en buste, une jeune femme coiffée d'un large chapeau de paille et de gaze. vêtue d'un corsage vert et d'une mante noire.

234. — **Miniature ronde sur ivoire,** du temps de Louis XVI. Portrait de la Dugazon : vue à mi-corps, dans le rôle de Nina.

Cadre ancien en bronze doré.

235. — **Miniature ovale sur ivoire,** signée Machera 1827.
Portrait de Victor Hugo. vu en buste. à l'âge de 25 ans.

236. **Boite en poudre d'écaille rouge,** galonnée d'or. offrant sur le couvercle un sujet ovale : l'autel de l'Amour.

Époque de Louis XVI.

237. — **Boite ronde en vernis Martin, à rayures.** portant sur le couvercle une miniature ovale du temps de Louis XVI, représentant en buste un portrait de dame vêtue d'un corsage bleu garni de fourrures.

238. — **Boite ronde en poudre d'écaille verte,** surmontée d'une miniature sur ivoire, du temps de Louis XVI, représentant une jeune femme vêtue de blanc, peignant un paysage.

239. — **Boite ronde en vernis Martin, à rayures,** galonnée d'argent, ornée, sur le couvercle, d'un petit sujet peint à la gouache, représentant deux Amours.

240. — **Miniature** du temps de Louis XVI, peinte à la gouache. Portrait de jeune fille tenant un éventail, les épaules couvertes d'un vêtement blanc.

241. **Miniature ronde sur ivoire,** du temps de Louis XVI, signée DM 1786, représentant trois jeunes femmes vêtues de jolis costumes, dont l'une est assise près d'une table.

242. — **Miniature ronde sur ivoire,** par Le Gay, datée de 1786. Portrait de dame, cheveux poudrés avec piquet de fleurs, corsage vert décolleté.

Cercle bronze ciselé et doré.

243. — **Boite rectangulaire en écaille brune,** avec miniature ancienne, représentant une nymphe endormie surprise par un faune.

244. **Deux peintures sur vernis Martin.** Scène de campement et sujet galant du temps de Louis XV.

Cadres à nœud en bronze doré.

245. — **Boite en poudre d'écaille capucine,** offrant, au centre du couvercle, sur un fond rayonnant, les profils de Louis XVI et de Henri IV.

Cercle en or.

246. — **Boite ronde en poudre d'écaille bleue,** ornée d'un sujet représentant l'ascension d'un ballon monté par deux personnages; au loin, dans la plaine, un combat près d'un village. Dans le bas, une inscription : *Le citoyen Coutelle a bien mérité de la Patrie.*

247. — **Miniature ronde sur ivoire,** du temps de Louis XVI, représentant une jeune femme vêtue de blanc enseignant la musique à un jeune enfant.

248. — **Miniature ovale sur ivoire,** du temps de Louis XVI, représentant, en buste, une jeune femme à haute coiffure poudrée, les épaules entourées d'étoffe blanche rayée de rouge.

249. — **Bouton de costume,** du temps de Louis XVI, formé par une miniature sur ivoire en grisaille sur fond noir : l'Amour vainqueur.

250. — **Miniature ancienne sur ivoire,** représentant un jeune abbé s'empressant auprès d'une dame.

251. — **Peinture sur émail,** par Courtois (signée). Portrait de femme du temps de Louis XVI, en buste, les cheveux poudrés, vêtue d'une mante de soie jaune garnie de fourrure.

Joli cadre de l'époque Louis XVI en bronze ciselé et doré.

252. — **Portrait d'homme peint sur émail,** du temps du Directoire. Il est représenté en buste, vêtu d'un habit bleu et se détachant sur un fond de paysage.

Cadre bronze doré.

253. — **Peinture sur émail, de forme ronde :** Sujet galant. XVIIIe siècle.

254. — **Peinture sur émail, ovale,** du temps de Louis XVI. Portraits d'un jeune homme et d'une jeune fille.

255. — **Peinture sur émail, ovale,** du temps de Louis XVI. Jeune femme, vue en buste, coiffée d'un large chapeau.

256. — **Peinture sur émail, ovale,** du temps de Louis XVI. Portrait de femme avec un enfant. Elle est montée dans un ancien entourage en jargons formant broche.

257. — **Peinture sur émail, ovale,** du temps de Louis XVI. Jeune femme jouant avec un oiseau. Elle est montée dans un ancien entourage en jargons formant broche.

258. **Émail peint sur or,** travail de Genève, du temps de l'Empire, de forme oblongue. Dame romaine désignant ses enfants en réponse à une autre dame qui lui montrait ses joyaux.

259. — **Peinture sur émail, de forme oblongue,** représentant, vue de face et à mi-corps, une jeune femme, coiffure poudrée, vêtue d'un corsage vert, enveloppée dans une mante blanche.

Cet émail, provenant d'un fond de boîte, époque de Louis XV, est monté en forme de coupe, s'ouvrant et contenant deux émaux à sujets licencieux.

260. — **Peinture sur émail, de forme oblongue,** représentant un personnage vêtu dans le goût de Watteau et tenant un verre à la main.

Époque de Louis XV.

261. **Peinture sur émail,** du temps de l'Empire. Portrait d'homme en costume militaire, tenant un rouleau de papier.

262. — **Peinture sur émail, ovale,** signée Élisa Fauré. Portrait de dame vêtue d'un costume rouge, serré à la taille par un ruban bleu.

263. Sous ce numéro seront vendus environ 150 miniatures, boîtes, émaux, de différentes époques.

IMPRIMÉ

PAR

PHILIPPE RENOUARD

19, rue des Saints-Pères

PARIS

www.ingramcontent.com/pod-product-compliance
Ingram Content Group UK Ltd.
Pitfield, Milton Keynes, MK11 3LW, UK
UKHW020341180726
13839UKWH00002B/837